D1727433

THÉÂTRE
DE BOUCHE

LA PREMIÈRE ÉDITION DE THÉÂTRE DE BOUCHE
A ÉTÉ PUBLIÉE EN 1984 PAR *CRIAPL'E,*
AVEC UNE POINTE SÈCHE ET NEUF DESSINS
DE MICHELINE CATTY, AINSI QU'UN ENREGISTREMENT
INTÉGRAL DU TEXTE PAR L'AUTEUR.

© Librairie José Corti, 1987
11, rue de Médicis, PARIS
N° d'édition : 1410
ISBN 2-7143-0197-5

GHÉRASIM LUCA

THÉÂTRE

DE BOUCHE

2ᵉ édition

JOSÉ CORTI

Axiome:
l'homme

Thème:
l'homme axiomatique

Thèse:
l'extase vexée

Axe d'accès - ascèse - fixe:
X

X:
rixe à exiger et à exercer
sexe à explorer à l'excès

Ile exilée
dans exister

L'homme axiomatique
exanthématique
thématique
tic éthique

Le sexe l'exhale
l'exsude
l'extirpe
l'expulse

Le sexe l'exalte
l'excuse l'expose l'explose
le relaxe

L'homme créé:
à exécrer
à exaspérer
à exécuter

A expédier sur une orbite
exorbitée
Laissez-le errer errer
vers une action extrême

Excrément des éléments

L'homme:
axe d'un mot exténué
paralaxe
d'un monde exhibé
axiome à aérer
à recréer

Axe de l'homme:
le fantôme
la femme et l'homme
l'assomment
la flamme et l'ombre
l'appât et l'assaut
la partie sombre
d'une lame d'eau
et de couteau

Il perd son nombre

Père excité
Expert du pire
Existe puis expire
Perplexité

QUI SUIS-JE ?

QUI SUIS-JE ?

*(Chambre donnant sur la mer. Au mur,
le portrait de la mère et un miroir.
Un homme regarde par la fenêtre.
Derrière lui, sa sœur.)*

SŒUR

Évidemment
les vies demandent
l'évidement

FRÈRE

Haleine et terreur d'être
à l'intérieur de l'être

SŒUR

Mais le creux aimant
des femmes

affame la soif

L'assoit hélas!

L'assoit et l'assoiffe
au creusement des feux
fixes X et immenses

Anse en soi

Frêle transcendance

Danse
sans danseurs

SŒUR

Sœur et frère
de l'absence

(elle pointe un doigt vers le portrait)

La mère amer égout
goutte de sang
sans goût

FRÈRE

(ouvre la fenêtre et se penche dehors)

Que l'océan
ne nous anéantisse plus
Qu'il ne tisse plus
sa toile d'art
où règne la mère
Sa toile d'araignée de mer
colossale et immonde
Onde d'une étouffante hantise
L'eau sale qui nous enfante

(il referme la fenêtre)

SŒUR

Les eaux primordiales
nous oppriment nous mordent
et nous exhalent

FRÈRE

Elles sondent
ondent les vides

SŒUR

Les vies denses et remplies de mots

FRÈRE

L'évidence errante

SŒUR

Lit de mort

FRÈRE

Au croisement d'échos

SŒUR

Dans les os d'homme
des zones d'ombre

FRÈRE

Au croisement d'échos
Le creusement des corps d'hommes
et l'évidement des ombres femmes

SŒUR

Dans les os d'hommes
des zones d'ombre
Les faits échos
L'effet les causes
osent

(dehors il se met brusquement à pleuvoir)

FRÈRE

Ivre à verse
Vivre à berceau eau
et à tombeau eau ouverts
Verre d'eau dans le temps
dans la tempe
Se tirer un verre d'eau
dans la tête
Verre d'eau dans la tempête

(les yeux dans le miroir, il ouvre
un tiroir et en retire une arme
qu'il porte à sa tempe)

SŒUR

Être nez
c'est humer
s'inhumer

FRÈRE

Naître c'est net
c'est n'être plus

(il tire et s'écroule)

Qui suis-je?
Je vaque à mes affres

(il meurt)

SŒUR

Suicidés du mot hanté
Suicidés du monde entier
Unissez-nous

LA CONTRE-CRÉATURE

LA CONTRE-CRÉATURE

(La grande salle du congrès
international d'ontologie)

LE PRÉSIDENT

Être avoir savoir pouvoir
sont synonymes
sinon l'homme ne serait pas
maître du peu qu'il sait
et du peu qu'il peut est et a
A est une voyelle d'être

PREMIER CONGRESSISTE

A e i o u...

DEUXIÈME CONGRESSISTE

A a a a alpha et
o o o oméga d'une voie sans issue

VOIX DE CONGRESSISTES

En deçà! en deçà!
en deçà! en deçà!

TROISIÈME CONGRESSISTE

(brûlant les étapes)

Nous proclamons la fusion
du verbe et de la vision

VOIX DE CONGRESSISTES

Nous clamons contre!

TROISIÈME CONGRESSISTE

Nous clamons et contre-clamons
pour la création d'une prothèse
de grande proportion
à contre-poser contre vos thèses
sur la procréation

QUATRIÈME CONGRESSISTE

Que l'on mette au vote ce proverbe

PREMIER CONGRESSISTE

Et que l'on n'omette pas
une provision de contre-visions
à profusion

DEUXIÈME CONGRESSISTE

Faut-il la nommer appât?

LE PRÉSIDENT

(fait tinter la clochette et se dérobe

derrière le premier axiome venu)

L'être est un mètre carré
de fenêtre
troué dans le non-être

CINQUIÈME CONGRESSISTE

Être et non-être
pure purée de traîtres

TROISIÈME CONGRESSISTE

Nous proportionnons

23

la messe de la création
et posons notre position
comme contre-messe à cette motion

(il tend un paquet de feuilles au président)

LE PRÉSIDENT

(lit)

La marée d'être
est murée dans le tiret
du non-être
C'est sale mais c'est ça
la durée d'une vie

PREMIER CONGRESSISTE

A mon avis
vous tirez l'être ciré
de l'urée dorée de votre curé

(rires sur certains bancs de congressistes)

LE PRÉSIDENT

Votre contre-proposition
n'est au fond qu'une promesse
de contre-motion

24

procréatrice et en portion

C'est d'un jet que nous proposons
notre créatrice contre-proposition

Vous pariez la féerie d'une forêt
pour mieux parer la furie du furet
dirait le poète

Tarés ! virés ! véreux !
vauriens ! rien !...

Notre propension au projet
nous cure d'une contre-portion
de votre programme
Elle nous en procure un gramme
mais à contre-fil

VOIX DE CONGRESSISTES

Égarés! gourés! gourmets d'être!
effarés! affairés de non-être!...

PREMIER CONGRESSISTE

Mais qu'est-ce que non-être
sinon une façon d'être?

TROISIÈME CONGRESSISTE

De profil c'est une promotion
en pension
et en profondeur
même pas son moteur

LE PRÉSIDENT

Si vous n'aimez pas encaisser l'être
ni l'être ni le non-être
vous n'aviez qu'à ne pas naître

QUATRIÈME CONGRESSISTE

Ne pas naître? ne pas naître?...

TROISIÈME CONGRESSISTE

Les blêmes promoteurs
du contre-moteur
promènent leur proéminence

VOIX DE CONGRESSISTES

Vous n'aviez qu'à ne pas naître
vous n'aviez qu'à ne pas naître...

TROISIÈME CONGRESSISTE

Vous êtes pour la procréation
de la contre-géniture
peut-être ?

QUATRIÈME CONGRESSISTE

Par contre !

CINQUIÈME CONGRESSISTE

Par contre !
non pas ne pas naître
mais par contre

ne pas s'arrêter de naître

SIXIÈME CONGRESSISTE

Par contre ! paraître
disparaître derrière paraître

SEPTIÈME CONGRESSISTE

Ne pas s'arrêter de ne pas naître
ne pas s'arrêter de ne pas être...

LE PRÉSIDENT

(agite violemment la clochette)

Arrêtez ! arrêtez !...

SEPTIÈME CONGRESSISTE

Ne pas s'arrêter d'errer d'aérer
nier être nier non-être
paraître
faire apparaître
les premiers para-êtres

Des para-êtres ! des para-êtres !...

TROISIÈME CONGRESSISTE

Les éminences protectrices
de nos problèmes
nous mènent-elles
vers nos propres progénitures ?

UNE VOIX DE CONGRESSISTE

(en extase)

O ... parure ! ...
loup ... de forêt ... en velours ! ...
O ... parure ! ...
loup ... de forêt ... en velours ! ...

TROISIÈME CONGRESSISTE

Comme ces fondeurs qui
pour le prochain fusement
de nos chaînes
procèdent profusément
nous longeons les digues tectrices
qui cèdent à notre vocation...

Nous fanons vos positions!

Nous contre-mettons contre-testons
et vous contre-promettons
les prodigues contre-chaînes
de notre provocation...

Provocation! provocation!...

Et profanons protestons et
contre-protestons
contre toutes les autres propositions

Dans le monde de l'avoir et de l'être
nous sommes des lavoirs et des lettres

L'ÉVIDENCE

L'ÉVIDENCE

*(Père et mère couchés dans un grand
lit. Entre eux, le nouveau-né)*

PÈRE

Pas l'ombre d'un doute
que l'homme n'est pas

MÈRE

Tu mens !
Il est serre sans tain
il est certainement là
où toi tu n'es pas

PÈRE

Tunnel sous l'épave
doux comme une ombre
aimant pâle

aimant pas...

Si si
passivement pas
passivement pâle
comme une ombre
Pas l'ombre d'un doute
que l'homme est un aimant doux
pâle et décent

PÈRE

C'est d'un épi qu'il descend
Au nom de l'épi
et d'un certain nombre d'épis
C'est au nom de
cette espèce d'épicier de l'essence
que l'homme a été sué
puis
épuisé et sucré

MÈRE

Scié en deux morts

en deux morceaux
qu'il n'a pas hanté
et qu'il a passivement
planté là
où l'homme descend l'homme

PÈRE

Où l'homme
une longue épine
dans la plante de ses pieds
descend d'un nom
d'un son
d'un sombre épiphénomène
qui lasse l'homme de son grand rêve
d'être sucé par une plaie
Sombre épiphénomène qui l'assomme
d'un coup de feu
tiré dans le lait
et d'un bref coup de fœtus
en plein cœur

MÈRE

Cœur qui sait
qui saigne mortellement accroché
à son arc

PÈRE

A son archée lisse et dense
dite primitive
où au prix d'une initiative décisive
le singe nage

MÈRE

Le singe
n'a jamais cessé
de descendre
l'échelle qui relie à l'aube
l'arc à la flèche

PÈRE

Et l'obscène archétype
épi épidermique
à l'éther
à l'éternel duel sous la cendre

MÈRE

Étroite nuit abolie
sous un clair de lit
aboyé par son linge

Ne pas oublier ce singe
qui n'a jamais cessé de descendre

MÈRE

Et surtout pas le lion
pas le lion
n'oublions pas que le singe
singe le singe
et non pas le lion
que nous sommes unis mais uniques
aimés et uniques...

PÈRE

Nous sommes uniques
mais épidémiques

MÈRE

Et que c'est par le moi
par le moyen lâche
de la chute des corps dans le moi
par la chute des corps dans un moi
qui se pare de son vide

que la vie partage
le théâtre
du mythe de Sysiphe
en scène coulisses et décor

PÈRE

Est-elle enceinte d'un mort?

LE MEURTRE

CONSOMMATION DE L'ACTE

(Un bistro. A une table, deux
joueurs de cartes. Au bar, l'homme
et la femme se font face)

PREMIER JOUEUR
(désignant la femme)

Allongée par terre
à l'intérieur d'un corps
comme on oublie parfois sa canne
au fond du pied
ou de la pièce où l'on songe

DEUXIÈME JOUEUR

Est-ce une femme pliée en deux
dans un sac à charbon
ce poids ce poisson sec et heureux
qui nage sous l'eau
sous le rieur écho
de l'haleine de l'autre?

PREMIER JOUEUR

Chacun de ses mouvements
mous comme la laine...

DEUXIÈME JOUEUR

Mais tout aussi précis qu'un chat

PREMIER JOUEUR

A l'air navré de l'eau
dans un verre
à l'heure décisive du vrai

LA FEMME

Il aime mes faux pores
et il importe peu s'il étonne
mes dents
Est-ce de ma faute
s'il est un dandy de la graisse ?

L'HOMME

Depuis que le dé est ton puits

c'est à corps perdu
que les joueurs s'y jettent

LA FEMME

Leur accord n'est qu'un
état de siège
pendu au bout d'une corde

L'HOMME

Cependant l'eau joue
d'un air évident
la soif qui la vide

PREMIER JOUEUR

L'assassin annule ou égare
le sens de la vie

DEUXIÈME JOUEUR

Hélas ! à nul égard
il ne changera l'essence
de la victime

43

PREMIER JOUEUR

Privé de sa principale
source de remords
la victime partagera
l'innocence du bourreau

DEUXIÈME JOUEUR

Est-ce leur lit de noce?

PREMIER JOUEUR

Tant que le principe sourd
de la mort
restera rivé
aux pâles cris des lits
vivre sera un délit
et le crime son corps

*(L'homme poignarde la femme
qui en s'écroulant l'entraîne)*

RECHERCHE D'UN MOBILE

(Même tableau, quelque temps après)

PREMIER JOUEUR

Mais qu'est-ce au juste que
le criminel?

DEUXIÈME JOUEUR

Une caisse au jus de cris
une mine d'ailes
tandis qu'elle
la victime
dite le cadavre
n'est qu'un antique
rite de vérité

PREMIER JOUEUR

Pourtant c'est lui et pas elle

cette éblouissante passerelle
hors du temps

DEUXIÈME JOUEUR

Pour tuer il faut d'abord
un doux site en ouate
d'où faire surgir une situation
anti-homme
ressentie comme l'air qui s'insurge
et qui tôt ou tard étouffe

PREMIER JOUEUR

Intolérable
comme la relation lasse
entre le fils et son père
ou comme l'art de faire entrer un son
dans l'oreille de personne

DEUXIÈME JOUEUR

L'arme du crime lime le mythe
du sang et des larmes
et sa limite est en deçà
de celui qui la danse l'imite et salit

Corps dense et nié sous cape
et encore!...

Dans ce dernier cas
peut-on vous voir éventrer
sans vouloir être d'un trait
le triangle
le vent
tout ce qui étonne
et tout ce qui étrangle?

Mais qui songerait à tousser
ou à avouer?

On sait que pour aérer
les naufrages
nos rages fragiles
entourent d'une aura sèche
l'humidité qui les hante

Tout pourrait faire oracle
honte et lune de midi

PREMIER JOUEUR

Assez !

DEUXIÈME JOUEUR

Lassée de raconter ses cris
à ses dents
l'expression se change en
citron pressé
qui boit le silence
puis l'empoisonne
Cet oiseau où rampe et résonne
l'ange du langage
aboie la couleur de ses plumes
avant de couler
dans le puits rempli de vent
de son essor

PREMIER JOUEUR

Le sort de ce monde d'appât
d'apparat et d'apparence

est-ce la vie elle-même qui l'exhale
ou bien par ondes
le vide à fleur de peau
de mon haleine ?

Poème ou porte
peu importe

LES IDÉES

LES IDÉES

(A la sortie d'une gare, un
voyageur, une aventurière
et le témoin hèlent un taxi)

LE VOYAGEUR

Au lieu d'une tête vide
tête vide
comme une cloche en cristal
une tête vidée
une tête vidée comme les lieux

L'AVENTURIÈRE

A la sortie d'une gare...

LE TÉMOIN

Yeux aux dunes communes
êtes-vous bien clos?

L'AVENTURIÈRE

On hoche l'ancre
et nos cris s'y installent

LE VOYAGEUR

C'est l'idée faite homme

LE TÉMOIN

L'aile d'yeux au lasso
et l'essor à tire d'aile
du regard

LE VOYAGEUR

Une tête vidée creusée
désertée évacuée fermée
inhabitée grattée trouée
pompée épuisée

L'AVENTURIÈRE

Les idées crèvent d'être
aimées déshabillées

mais seule la grande pompe
les met à l'aise
L'appui ferme
elles le trouvent dans le vague

LE VOYAGEUR

Tête vidée
mais remplie aussi
remplie de vide
comme d'une grosse pierre opaque

L'AVENTURIÈRE

Idée errante
os en cire
rampant sur la graisse du comme
Ossuaire et cloaque
à pas de lierre

LE VOYAGEUR

Enflée de vide comme
d'orgueil ou une jambe
gonflée de vide comme
un torrent ou de colère

L'AVENTURIÈRE

On a la flemme de vivre
l'écho d'une drogue
On dort mais l'œil fouillant
l'ambre des plaies

LE TÉMOIN

Et on a tort
car l'air est un dragon
collé au fléau des songes

LE VOYAGEUR

Une tête farcie de vide seulement
fourrée de vide
bourrée gorgée de vide
chargée de vide
rien que de vide
remplie de rien
vidée mais remplie
à plein bord

L'AVENTURIÈRE

D'un fou rire que la boue

– seule règle d'or –
égorge
des phares cillent
le fluide élément
et l'idée-mère
jette mes charmes
dans l'ample haleine
d'un beau mort

(Ils montent tous les trois
dans le même taxi)

LA DISCORDE

LA DISCORDE

(Une tribune sur la place publique.
Les trois orateurs, debout, devant
une table. Au fond la foule menaçante)

PREMIER ORATEUR

Ainsi l'arrêt de fraise
de la raison-loi
loin de prendre part
au souper des mots...

DEUXIÈME ORATEUR

Sous peine de mort morale
râle contre le pot

TROISIÈME ORATEUR

Et contre le pauvre or
qui de l'avis de tous

est inné
à la vie de table
aussi inévitable que
la peau du poivre

Tout inévitable qu'il soit
il n'en est pas moins vite lavé
que la soie
que les sous...

Que les souvenirs vous voulez dire
vous voulez rire
et vous voulez dire
que les souvenirs de l'année passée
assez passifs...

Quant à son avenir
qui pourrait être pire que
le pou qui pique
il est non moins vif que le vice

DEUXIÈME ORATEUR

Et le vide ?

TROISIÈME ORATEUR

Il est
tout aussi vif
et piquant

DEUXIÈME ORATEUR

Loi loin des lits

PREMIER ORATEUR

Délit d'eau d'ombre

TROISIÈME ORATEUR

Amphore avec

DEUXIÈME ORATEUR

Libre et hors du temps

A force d'être mordu par les rats
le pré est tendre

DEUXIÈME ORATEUR

Comme le prétendra là-bas

(il désigne le Troisième)

le pacha-évêque

TROISIÈME ORATEUR

Prêt à rendre
à chaque lever et coucher
la bave aux lèvres à ce bavard

DEUXIÈME ORATEUR

(au Troisième)

Fil d'os !

TROISIÈME ORATEUR

(au Premier)

Fils !

PREMIER ORATEUR

(au Deuxième)

Zoophile ! île !

TROISIÈME ORATEUR

(au Deuxième)

Philosophe !

LA FOULE

Bal anal
bal anal
de la banalité excitée

TROISIÈME ORATEUR

Néant moins coté
par le temps qui court
que l'ours savant
et sa trousse anale

PREMIER ORATEUR

Tout cela n'a lieu

néanmoins
qu'autant que les vents
ne savent pas encore
poser clairement
les éclairs de leurs corps
au prince de la foudre
et puiser ainsi
dans la rage des foules
le principe de l'orage

LA FOULE

Bal anal
bal anal
de la banalité excitée

DEUXIÈME ORATEUR

Sinon
plutôt la crasse et les déchets
que la ploutocratie déchaînée

LA FOULE

Non ! non !
non ! non !

Si !
Blessé il a eu la fée latente
Il a eu la faiblesse touffue
d'y fixer sa pensée
Dès lors tout fut perdu

LES VAINCUS

LES VAINCUS

(Sur une estrade, deux lutteurs de foire. Autour d'eux, s'agite l'arbitre)

PREMIER LUTTEUR

A corps perdu

DEUXIÈME LUTTEUR

Accord à corps perdu

PREMIER LUTTEUR

Éperdu corps à corps
des accords

DEUXIÈME LUTTEUR

Désaccord à corps perdu

L'ARBITRE

Corps perdu et repris

PREMIER LUTTEUR

Corps épais éperdu

DEUXIÈME LUTTEUR

Éperdument épris d'esprit
le corps est un piment

L'ARBITRE

Épices et piments

PREMIER LUTTEUR

Épine dans la peau de l'esprit

DEUXIÈME LUTTEUR

Épi
et pas perdu de l'esprit

72

PREMIER LUTTEUR

Épave et pou
époux de l'esprit

DEUXIÈME LUTTEUR

Boue du corps

PREMIER LUTTEUR

Pus du pur esprit

DEUXIÈME LUTTEUR

Bouc du corps

PREMIER LUTTEUR

Bique de l'esprit

DEUXIÈME LUTTEUR

Pipe du corps
dans le bec de pape de l'esprit

L'ARBITRE

Corps à corps
de l'esprit et du corps

PREMIER LUTTEUR

Corps à corde suspendue
à l'esprit

DEUXIÈME LUTTEUR

Corps pendu au cou de l'esprit

PREMIER LUTTEUR

Corps à corps des pendus

DEUXIÈME LUTTEUR

Pendu pendu au pendu

*(Immobilité totale des deux lutteurs.
Après un temps, le combat reprend)*

74

L'ARBITRE

Esprit répandu dans le corps

PREMIER LUTTEUR

Corps dans le corps
comme état dans l'état

DEUXIÈME LUTTEUR

Comète dans un météore

PREMIER LUTTEUR

Or
dans l'état d'esprit d'un corps
l'esprit incorpore le corps
comme la pie le porc

DEUXIÈME LUTTEUR

Ou
pire encore
un porc-épic
qui copie les rats

PREMIER LUTTEUR

Les râles de l'esprit
et les rages du corps

DEUXIÈME LUTTEUR

Les orages
du corps et de l'esprit

L'ARBITRE

L'esprit est l'orange du corps

PREMIER LUTTEUR

L'esprit n'est que l'état d'esprit
des corps

DEUXIÈME LUTTEUR

Décor pour les corps à corps
des esprits
qui
par défi ou esprit de corps
incorporent les corps

ou les métacorps qui les respirent

PREMIER LUTTEUR

Philosophie en mots d'esprit

DEUXIÈME LUTTEUR

Philosophie à la mode
suspendue au-dessus de nos têtes

PREMIER LUTTEUR

Épée suspendue
au-dessus de nos tête-à-tête
éperdus

DEUXIÈME LUTTEUR

Cap à cap capital des décapités

PREMIER LUTTEUR

Corps à corps d'écorchés léchés

L'échec épique
de l'écho d'être

LA DURÉE

LA DURÉE

*(Devant la vespasienne qui fait le
coin du boulevard et de l'église
Saint-Germain-des-Prés, quelques
personnes attendent leur tour.
De l'intérieur, leur parviennent
les voix des premiers occupants.)*

UNE PERSONNE

Lavez l'espace
hyène !
La vespasienne
n'est pas un confessionnal

UNE VOIX

Nez pâle
qu'on fasse au moins
ce qu'on espionne !
qu'on fasse au moins
ce qu'on espionne !

UNE AUTRE VOIX

En effet l'endroit est petit

UNE AUTRE PERSONNE

Une lande où le roi même
étonnerait l'éthique

UNE PERSONNE

L'homme n'est-il pas un tas de tics ?

UNE VOIX

Tic-tac tic-tac...

UNE PERSONNE

De mon temps
on ne mettait qu'un instant

UNE VOIX

Vous n'êtes qu'un métèque de l'instinct

UNE AUTRE PERSONNE

On dit: un instant!
mais on y reste un bon moment

UNE VOIX

Honni soit le temps

UNE AUTRE VOIX

Tant mieux!
Si ses ondes détonnent
on s'en ira
Mais où? et quand?

UNE PERSONNE

Ce beau mot
nous montre du doigt
Il nomme la honte de durer

UNE AUTRE PERSONNE

Vous avez l'urée dure
mon ami
Heureusement la montre est là

pour la ramollir

L'heure ment
hélas !
Mimer ce monstre
c'est avaler son rite
Avant de lire dans les lignes
de sa main ou de ses griffes
on doit le démolir à mi-chemin

UNE PERSONNE

Des mots
des faux mots
des mots qui étouffent
Il faudrait les ramoner
comme le vent la cheminée

UNE VOIX

Les lâches innés
sont honnêtes
Êtes-vous une hache
par hasard ?
De toute façon

le temps n'est pas une bûche

UNE AUTRE VOIX

Si !
car toutes les deux brûlent
Elles brûlent comme l'impatience
ou comme les étapes
Leur état commun c'est d'être
l'impasse qui roule
Y mettre une cale
suppose un art à part...
Et c'est la science seule
qui pose en ce moment
sa bouche et les pattes
sur nos pauvres secondes
sur nos pauvres petites minutes
Les deux anses d'un bol
sont son symbole
et la hâte féconde
le sein nu de l'appât qu'on tète
à la sueur de nos peaux
où chaque goutte d'heure compte...

UNE PERSONNE

Vous feriez mieux de compter

plus vite encore
Ce serait peut-être plus sage
Quelle honte !
Pendant que vous errez
dans l'humidité d'être
et que nous sommes bien obligés
de humer vos raisons
l'écho de votre passage
résonne comme une église

(On entend les cloches)

UNE AUTRE PERSONNE

Si vous nommez passage
une chose qui s'incruste
c'est parce que le jet
de ses rustres besoins
le lance...

UNE VOIX

Silence !
Écoutons ce que l'éternité
dit à l'instant
Tôt ou tard
ton cou ne reposera plus sous ta tête
La terre osera enfin s'arrêter

UNE PERSONNE

Tâter la fin des temps m'amuse
je l'avoue
mais je ne m'avance
qu'après avoir bien lavé
mes muscles

UNE VOIX

Les sons ne sont qu'une
façon de voir
Un pont ambulant
que l'éther jette vers la terre

UNE AUTRE VOIX

Laissons sonner
les réveille-matin
matin et soir

UNE PERSONNE

Ce funambule lent
atteint la peau mate
d'un rêve en soi

(Arrêt des cloches)

87

UNE AUTRE PERSONNE

L'aigle de l'église
a cessé de pondre

UNE PERSONNE

Ses ondes spirituelles nous appellent
Hâtez-vous !

UNE AUTRE PERSONNE

Vous êtes pire que l'athée qui tue
et qui happe nos âmes à la pelle

UNE VOIX

Je suis le pèlerin
des besoins naturels
et mes reins une turbine
sinon un bénitier

UNE PERSONNE

Le temps passe
mon ami

UNE AUTRE PERSONNE
Le temps presse

UNE VOIX
Le contretemps nous surpasse

UNE AUTRE VOIX
Le contretemps nous compresse

UNE VOIX
Est-ce de ma faute
si le temps nous ôte
le goût des solutions?

UNE AUTRE PERSONNE
Les solutions nous dépassent

UNE VOIX
De toute façon

l'égout nous ramasse

UNE AUTRE VOIX

L'absolution
est notre promesse
Pure promesse
sinon promesse pure

UNE PERSONNE

Allons allons
on s'en va à la messe

UNE AUTRE PERSONNE

Nous
nous allons
du côté des masses

UNE VOIX

On s'en va comme les vagues
mais on s'en tire comme la mousse

(Tout le monde se disperse)

TABLE DES MATIÈRES

ACHEVÉ D'IMPRIMER
EN MARS 1997
PAR L'IMPRIMERIE
DE LA MANUTENTION
À MAYENNE